AF188042

Impressum
Verlag: BABADADA GmbH, Nedderfeld 112 , 22529 Hamburg
Geschäftsführer / Verlagsleitung: Harald Hof
Druck: Books on Demand GmbH, In de Tarpen 42, 22848 Norderstedt

Imprint
Publisher: BABADADA GmbH, Nedderfeld 112 , 22529 Hamburg, Germany
Managing Director / Publishing direction: Harald Hof
Print: Books on Demand GmbH, In de Tarpen 42, 22848 Norderstedt, Germany

škola
škola

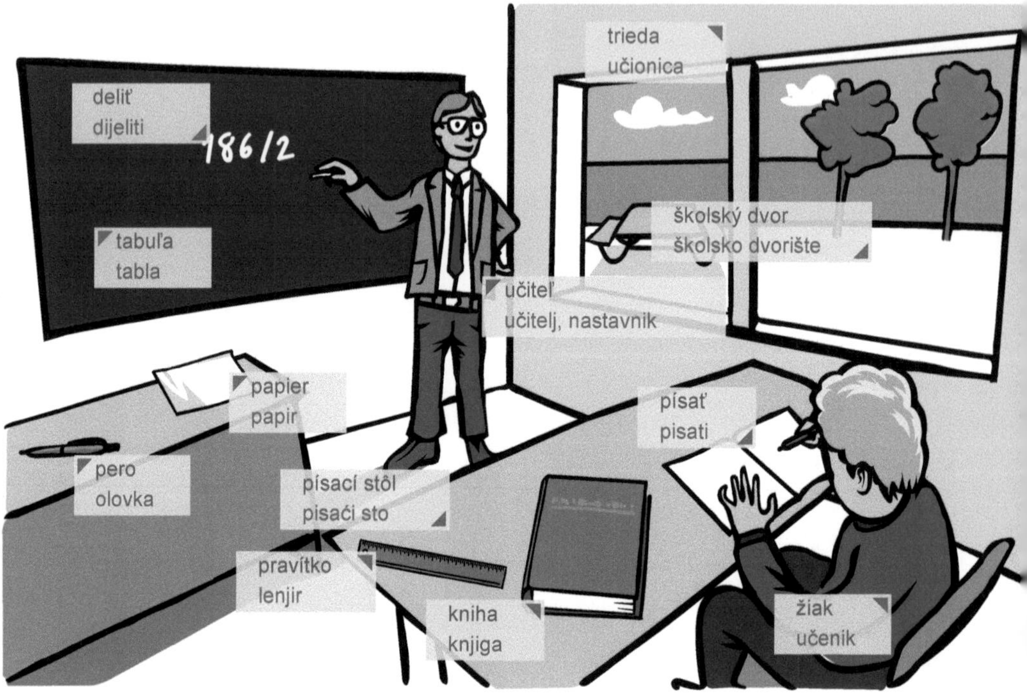
trieda
učionica
deliť
dijeliti
186/2
tabuľa
tabla
školský dvor
školsko dvorište
učiteľ
učitelj, nastavnik
papier
papir
písať
pisati
pero
olovka
písací stôl
pisaći sto
pravítko
lenjir
kniha
knjiga
žiak
učenik

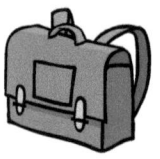

školská taška
torba

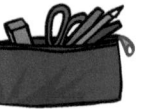

peračník
pernica

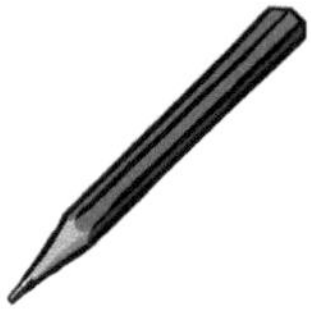

ceruza
drvena olovka

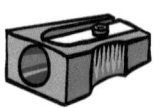

strúhadlo na ceruzky
šiljalo za olovke

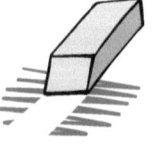

guma
gumica

skicár
blok za crtanje

kresba

crtež

štetec

kist

vodové farby

kutija s bojama

nožnice

makaze

lepidlo

ljepilo

cvičný zošit

vježbanka

domáca úloha

domaća zadaća

číslo

broj

sčítať

sabirati

odčítať

oduzimati

násobiť

množiti

počítať

računati

písmeno

slovo

abeceda

abeceda

slovo

riječ

text
tekst

čítať
čitati

krieda
kreda

hodina
sat

triedna kniha
školski dnevnik

skúška
ispit

certifikát
svjedočanstvo

školská uniforma
školska uniforma

vzdelanie
izobrazba

encyklopédia
leksikon

univerzita
univerzitet

mikroskop
mikroskop

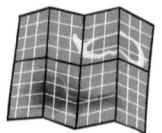

mapa
karta

kôš na papier
korpa za papir

cesta
putovanje

hotel
hotel
Grand
nocľaháreň
hostel
ROOMS
EXCHANGE
zmenáreň
mjenjačnica
kufor
kofer
auto
auto

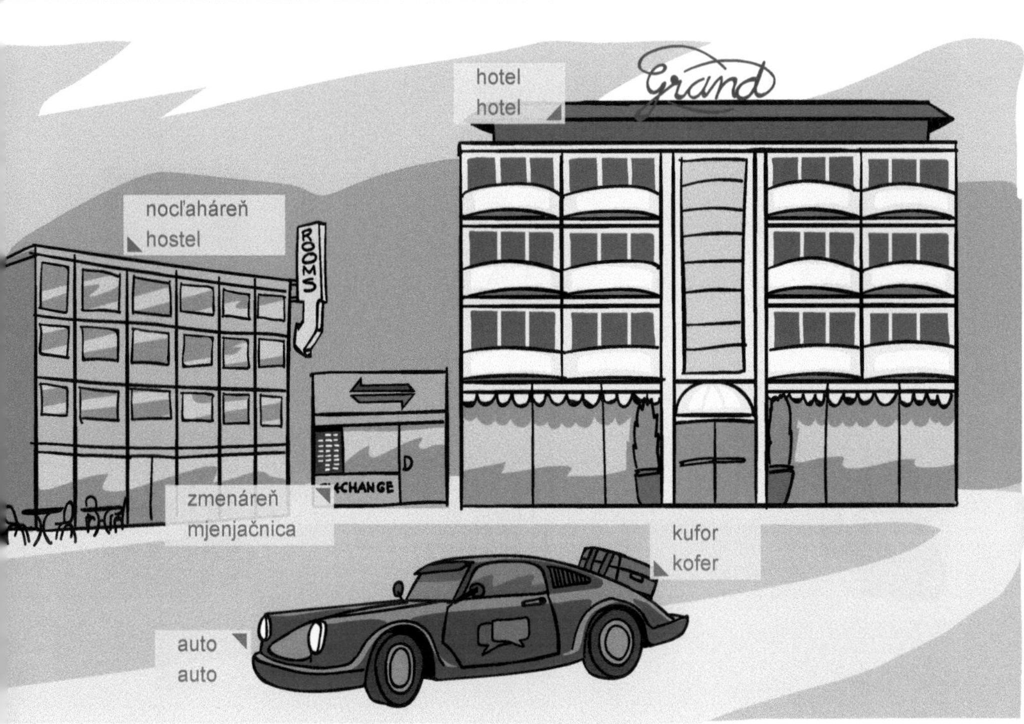

jazyk

jezik

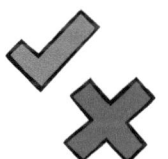

áno/nie

da / ne

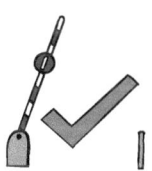

v poriadku

okej

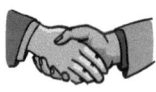

ahoj

zdravo

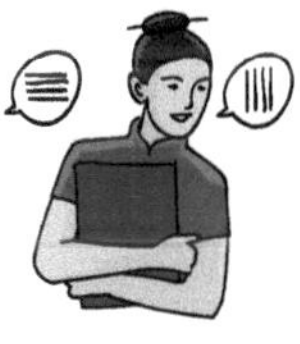

prekladateľ

tumač

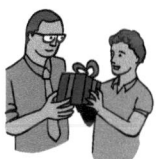

ďakujem

hvala

Koľko stojí ... ?

Koliko košta...?

Nerozumiem

Ne razumijem

problém

problem

Dobrý večer!

dobro veče!

Dobré ráno!

Dobro jutro!

Dobrú noc!

Laku noć!

Dovidenia

doviđenja

smer

smjer

batožina

prtljag

taška

torba

batoh

ruksak

hosť

gost

izba

soba

spacák

vreća za spavanje

stan

šator

informácie pre turistov

turističke informacije

pláž

plaža

kreditná karta

kreditna kartica

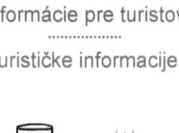

raňajky

doručak

obed

ručak

večera

večera

cestovný lístok

putna karta

výťah

lift

poštová známka

poštanska markica

hranica

granica

clo

carina

veľvyslanectvo

ambasada

vízum

viza

cestovný pas

pasoš

doprava
transport

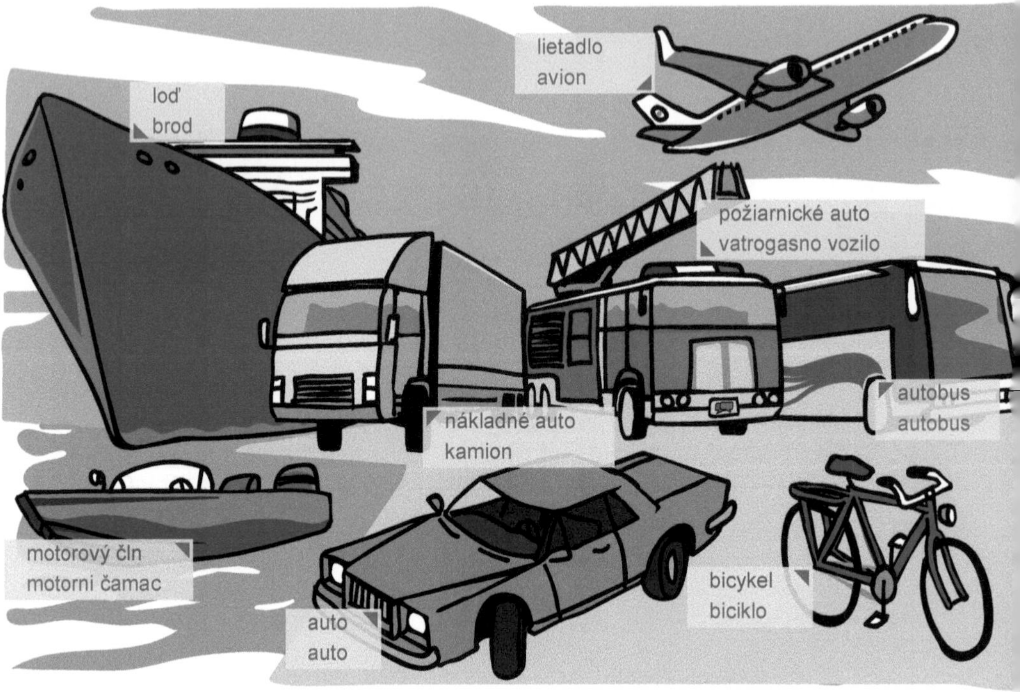
lietadlo
avion
loď
brod
požiarnické auto
vatrogasno vozilo
autobus
autobus
nákladné auto
kamion
motorový čln
motorni čamac
bicykel
biciklo
auto
auto

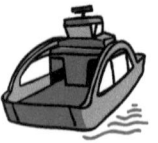

trajekt
trajekt

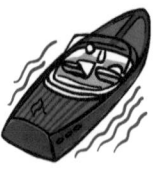

loď
brod

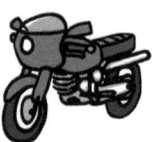

motorka
motocikl

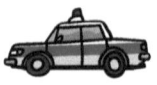

policajné auto
policijski automobil

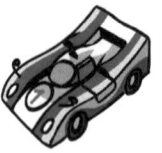

pretekárske auto
trkaći automobil

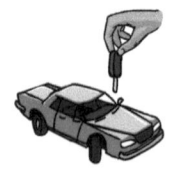

vozidlo z požičovne
unajmljeni automobil

carsharing

kar-šering

odťahové auto

pauk

smetiarske auto

smećarsko vozilo

motor

motor

benzín

gorivo

čerpacia stanica

benzinska pumpa

dopravná značka

saobraćajni znak

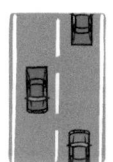

premávka

saobraćaj

zápcha

zastoj

parkovisko

parking

vlaková stanica

željeznička stanica

trate

šine

vlak

voz

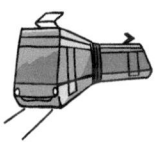

električka

tramvaj

vagón

vagon

helikoptéra

helikopter

letisko

aerodrom

veža

toranj

pasažier

putnik

kontajner

kontejner

kartón

karton

vozík

tačke

kôš

korpa

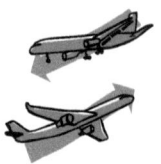

štartovať / pristáť

poletjeti / sletjeti

mesto
grad

dedina

selo

centrum mesta

centar grada

dom

kuća

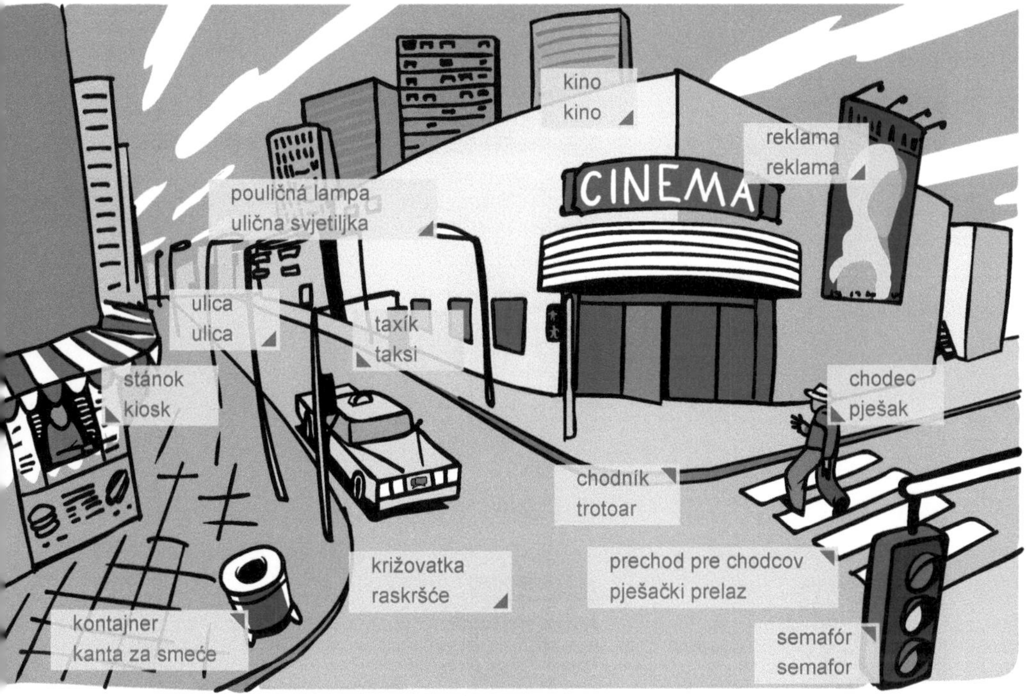

kino
kino

reklama
reklama

pouličná lampa
ulična svjetiljka

CINEMA

ulica
ulica

taxík
taksi

chodec
pješak

stánok
kiosk

chodník
trotoar

križovatka
raskršće

prechod pre chodcov
pješački prelaz

kontajner
kanta za smeće

semafór
semafor

chata
koliba

byt
stan

vlaková stanica
željeznička stanica

radnica
vjećnica

múzeum
muzej

škola
škola

mesto - grad

univerzita

univerzitet

banka

banka

nemocnica

bolnica

hotel

hotel

lekáreň

apoteka

kancelária

ured

kníhkupectvo

knjižara

obchod

radnja

kvetinárstvo

cvjećara

supermarket

supermarket

trh

pijaca

obchodný dom

robna kuća

obchodník s rybami

prodavač ribe

nákupné stredisko

trgovački centar

prístav

luka

park

park

lavička

klupa

most

most

schody

stepenice

metro

podzemna željeznica

tunel

tunel

autobusová zastávka

autobuska stanica

bar

bar

reštaurácia

restoran

poštová schránka

poštanski sandučić

tabuľa s názvom ulice

saobraćajni znak

parkovacie hodiny

sat za naplatu parkinga

ZOO

zološki vrt

plaváreň

bazen

mešita

džamija

farma
seosko imanje

znečisťovanie životného prostredia
zagađenje okoline

cintorín
groblje

kostol
crkva

ihrisko
igralište

chrám
hram

terén

krajolik

list
list

smerová tabuľa
putokaz

cesta
putokaz

lúka
livada

kameň
kamen

strom
drvo

turista
putnik

rieka
rijeka

tráva
trava

kvet
cvijet

dolina
dolina

kopec
brdo

jazero
jezero

les
šuma

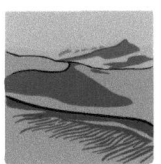

púšť
pustinja

vulkán
vulkan

zámok
dvorac

dúha
duga

hríb
gljiva

palma
palma

komár
komarac

mucha
muha

mravec
mrav

včela
pčela

pavúk
pauk

chrobák
buba

žaba
žaba

veverička
vjeverica

jež
jež

zajac
zec

sova
sova

vták
ptica

labuť
labud

diviak
divlja svinja

jeleň
jelen

los
los

hrádza
brana

veterná turbína
vjetrenjača

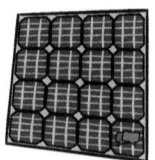

solárny panel
solarni modul

podnebie
klima

reštaurácia
restoran

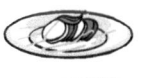

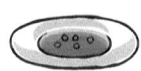

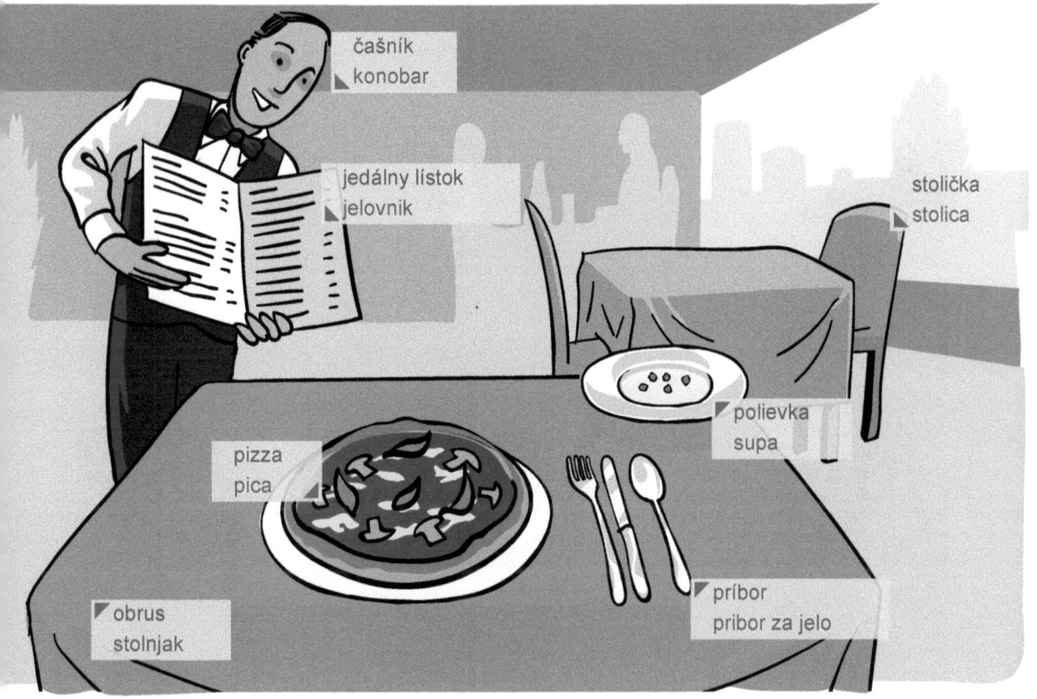
čašník
konobar
jedálny lístok
jelovnik
stolička
stolica
polievka
supa
pizza
pica
obrus
stolnjak
príbor
pribor za jelo

predjedlo
predjelo

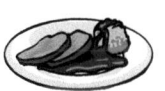

hlavné jedlo
glavno jelo

zákusok
desert

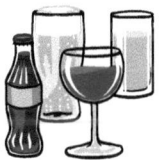

nápoje
piće

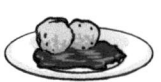

jedlo
jelo

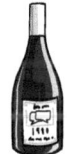

fľaša
flaša

fast-food

brza hrana

street food

jelo sa ulice

kanvica na čaj

čajnik

cukornička

šećernica

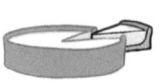

porcia

porcija

stroj na espresso

mašina za espreso

detská stolička

barska stolica

účet

račun

podnos

tacna

nôž

nož

vidlička

viljuška

lyžica

kašika

čajová lyžička

kašičica

obrúsok

salveta

pohár

čaša

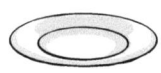

tanier
tanjir

hlboký tanier
tanjir za supu

podšálka
tanjurić

omáčka
sos

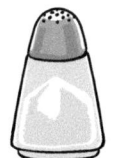

soľnička
solanik

mlynček na korenie
mlin za biber

ocot
sirće

olej
ulje

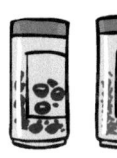

korenie
začini

kečup
kečap

horčica
senf

majonéza
majoneza

supermarket
supermarket

špeciálna ponuka
ponuda
FOR
klient
klijent
mliečne výrobky
mliječni proizvodi
ovocie
voće
nákupný vozík
kolica za kupovinu

BUTCHERS

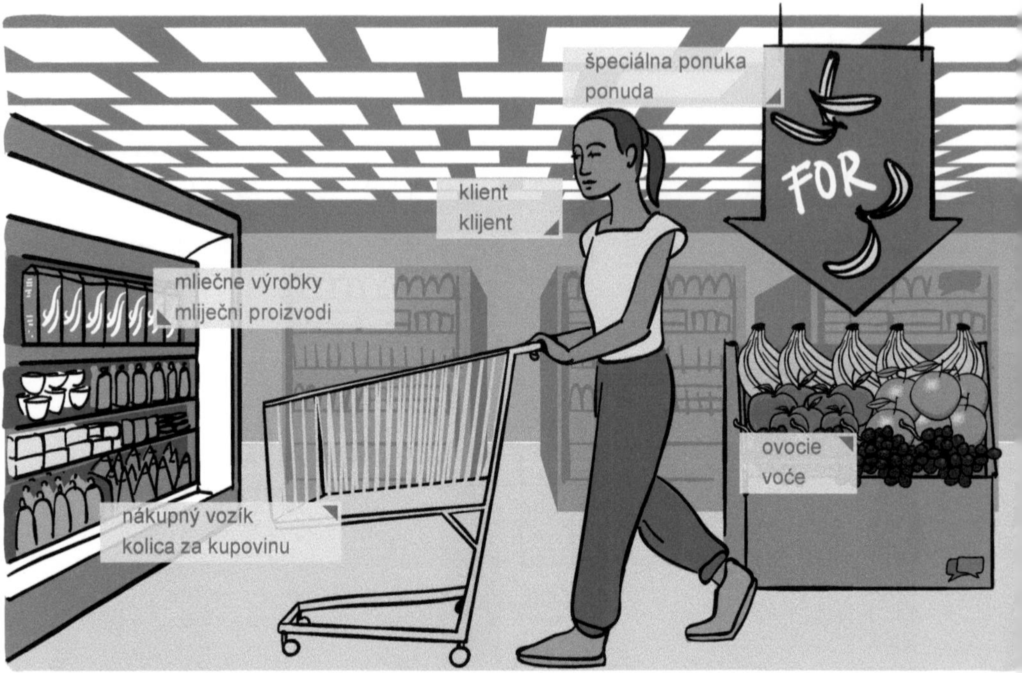

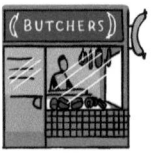

mäsiarstvo

mesnica- klaonica

BAKERY

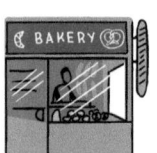

pekáreň

pekara

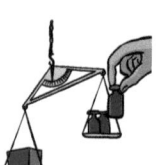

vážiť

vagati

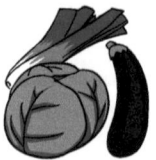

zelenina

povrće

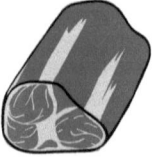

mäso

meso

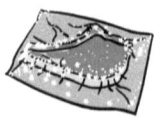

mrazené potraviny

zaleđena hrana

nárez
narezak

konzervy
konzerve

prací prostriedok
prašak za veš

sladkosti
slatkiši

domáce potreby
kućanski proizvodi

čistiace prostriedky
sredstvo za čišćenje

predavačka
prodavačica

pokladňa
kasa

pokladník
blagajnik

nákupný zoznam
lista za kupovinu

otváracie hodiny
radno vrijeme

peňaženka
novčanik

kreditná karta
kreditna kartica

taška
torba

plastové vrecko
najlonska vrećica

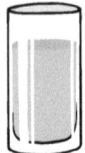

voda
....
voda

džús
....
sok

mlieko
....
mlijeko

kola
....
kola

víno
....
vino

pivo
....
pivo

alkohol
....
alkohol

kakao
....
kakao

čaj
....
čaj

káva
....
kafa

espresso
....
espreso

kapučíno
....
kapućino

banán

banana

jablko

jabuka

pomaranč

narandža

melón

lubenica

citrón

limun

mrkva

mrkva

cesnak

bijeli luk

bambus

bambus

cibuľa

crveni luk

hríb

gljiva

orechy

orašasti plodovi

rezance

pasta

špagety

špagete

ryža

riža

šalát

salata

hranolky

pomfrit

pečené zemiaky

pečeni krompir

pizza

pica

hamburger

hamburger

obložený chlebík

sendvič

rezeň

šnicla

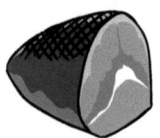

šunka

šunka

saláma

kobasica

klobása

kobasica

kurča

kokoš

pečené mäso

pečenje

ryba

riba

ovsené vločky

zobene pahuljice

müsli

muzli

kukuričné lupienky

kornfleks

múka

brašno

croissant

kroason

pečivo

zemičke

chlieb

kruh

hrianka

tost

sušienky

keksi

maslo

maslac

tvaroh

svježi sir

koláč

kolač

vajce

jaje

volské oko

jaje na oko

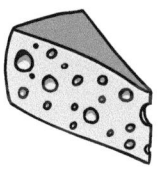

syr

sir

jedlo - jelo

zmrzlina
....
sladoled

cukor
....
šećer

med
....
med

lekvár
....
marmelada

nugátová nátierka
....
nugat krema

karí korenie
....
kuri

farma
seosko imanje

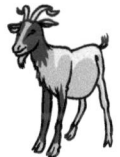

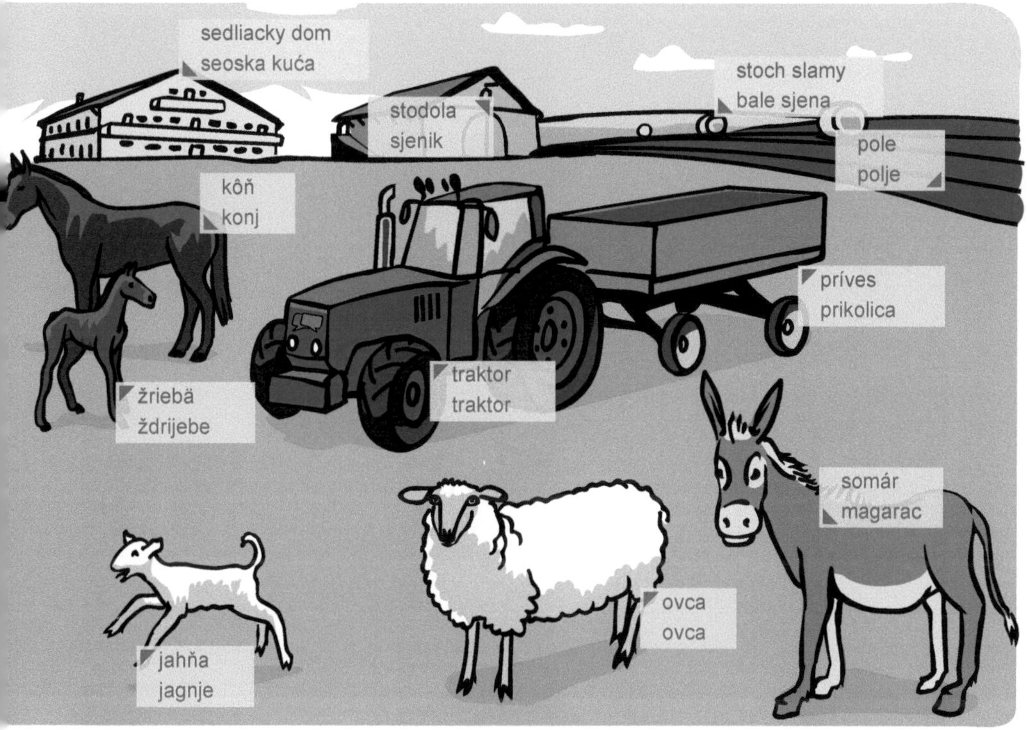

sedliacky dom
seoska kuća
stodola
sjenik
stoch slamy
bale sjena
pole
polje
kôň
konj
príves
prikolica
traktor
traktor
žriebä
ždrijebe
somár
magarac
ovca
ovca
jahňa
jagnje

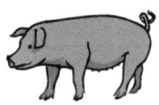

koza
koza

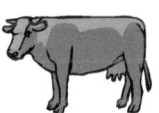

krava
krava

teľa
tele

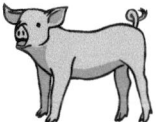

prasa
svinja

prasiatko
prase

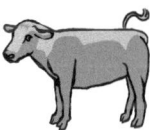

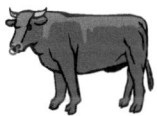

býk
bik

hus

guska

kačica

patka

kuriatko

pile

sliepka

kokoška

kohút

pjetao

potkan

pacov

mačka

mačka

myš

miš

vôl

vol

pes

pas

psia búda

pseća kućica

záhradná hadica

crijevo za baštu

krhla

kanta za zalijevanje

kosa

kosa

pluh

plug

kosák
srp

motyka
motika

vidly na hnoj
vile

sekera
sjekira

fúrik
tačke

koryto
korito

kanva na mlieko
bokal za mlijeko

vrece
vreća

plot
ograda

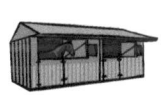

maštaľ
štala

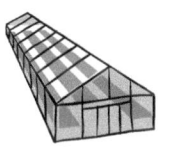

skleník
staklenik

pôda
tlo

osivo
sjeme

hnojivo
đubrivo

kombajn
kombajn

žať
kositi

žatva
žetva

batát
jam korijen

pšenica
pšenica

sója
soja

zemiak
krompir

kukurica
kukuruz

repka
uljana repica

ovocný strom
drvo voća

maniok
manioka

obilie
žito

dom
kuća

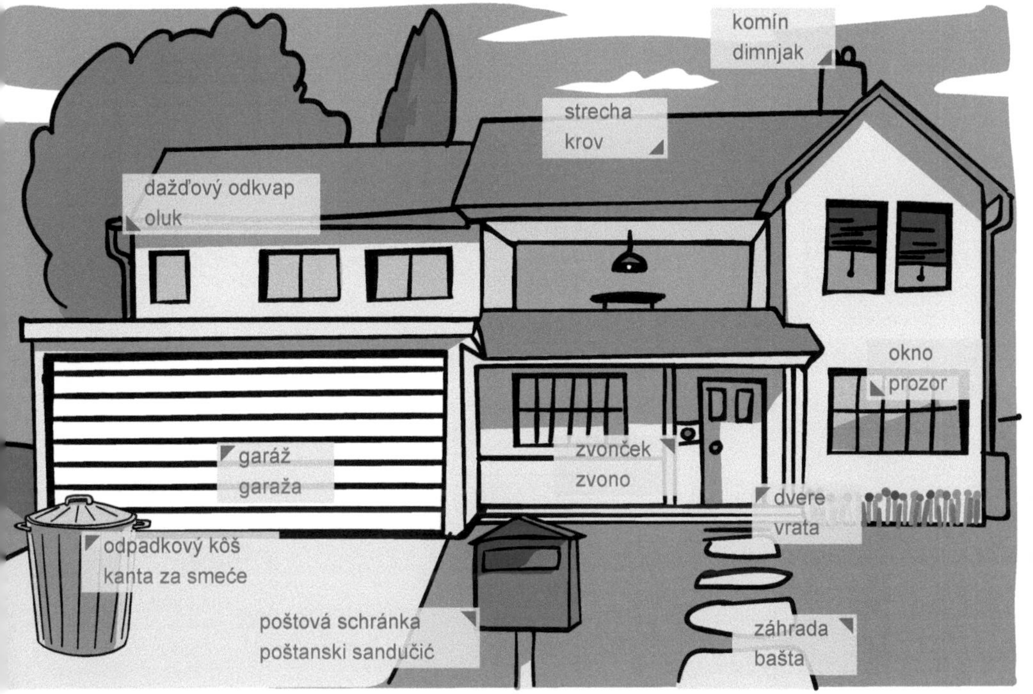
komín
dimnjak
strecha
krov
dažďový odkvap
oluk
okno
prozor
garáž
garaža
zvonček
zvono
dvere
vrata
odpadkový kôš
kanta za smeće
poštová schránka
poštanski sandučić
záhrada
bašta

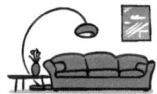

obývačka

dnevni boravak

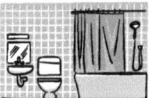

kúpeľňa

kupatilo

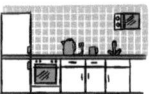

kuchyňa

kuhinja

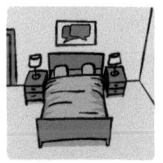

spálňa

spavaća soba

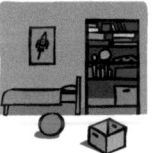

detská izba

dječija soba

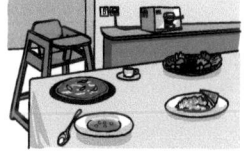

jedáleň

trpezarija

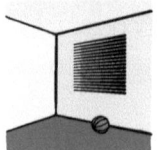

podlaha

pod, tlo

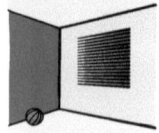

stena

zid

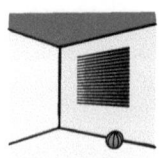

strop

plafon

pivnica

podrum

sauna

sauna

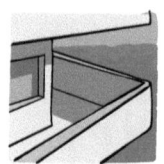

balkón

balkon

terasa

terasa

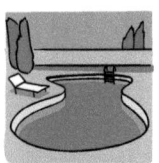

bazén

bazen

kosačka

kosilica

obliečka

posteljina

posteľná prikrývka

pokrivač

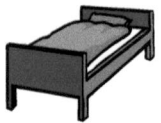

posteľ

krevet

metla

metla

vedro

kanta

vypínač

prekidač

obývačka
dnevni boravak

tapeta
tapeta
obraz
fotografija
lampa
lampa
regál
polica
skriňa
ormar
televízor
televizija
kozub
dimnjak
kvet
cvijet
vankúš
jastuk
pohovka
kauč
váza
vaza
diaľkové ovládanie
daljinski upravljač

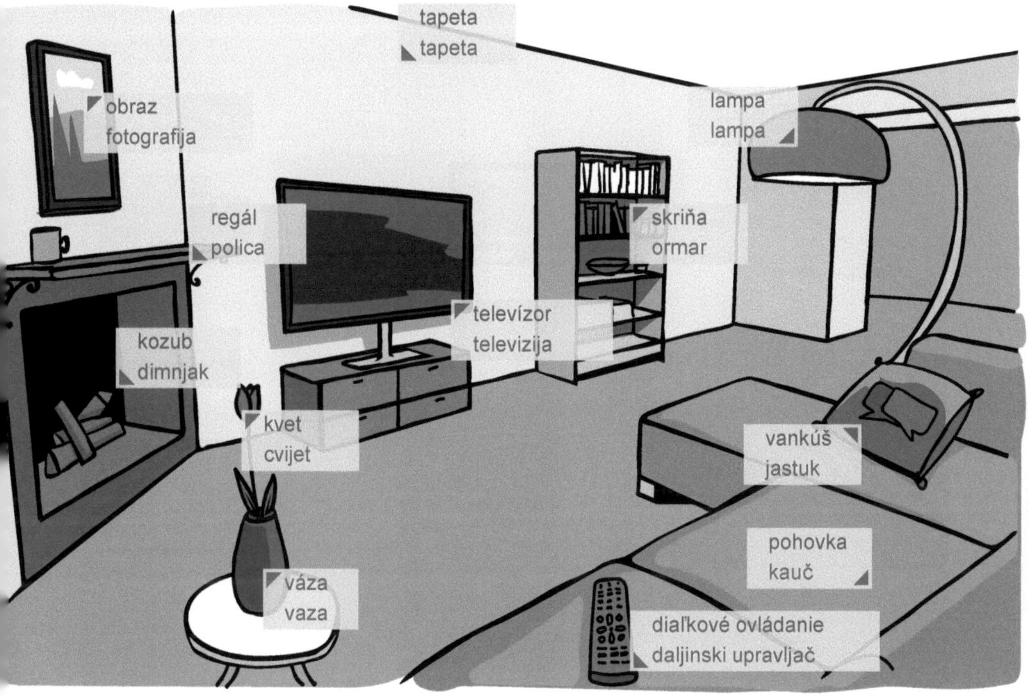

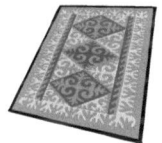

koberec
tepih

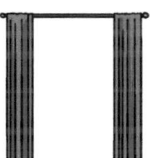

záclona
zavjesa

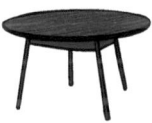

stôl
stol

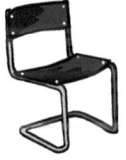

stolička
stolica

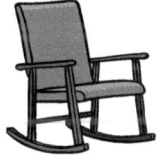

hojdacie kreslo
stolica za ljuljanje

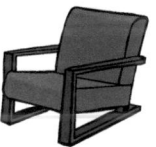

kreslo
fotelja

kniha

knjiga

prikrývka

deka

dekorácia

dekoracija

drevo na kúrenie

ložno drvo

film

film

hi-fi veža

stereo uređaj

kľúč

ključ

noviny

novine

maľba

umjetnička slika

plagát

poster

rádio

radio

zápisník

blok za bilješke

vysávač

usisavač

kaktus

kaktus

sviečka

svijeća

kuchyňa
kuhinja

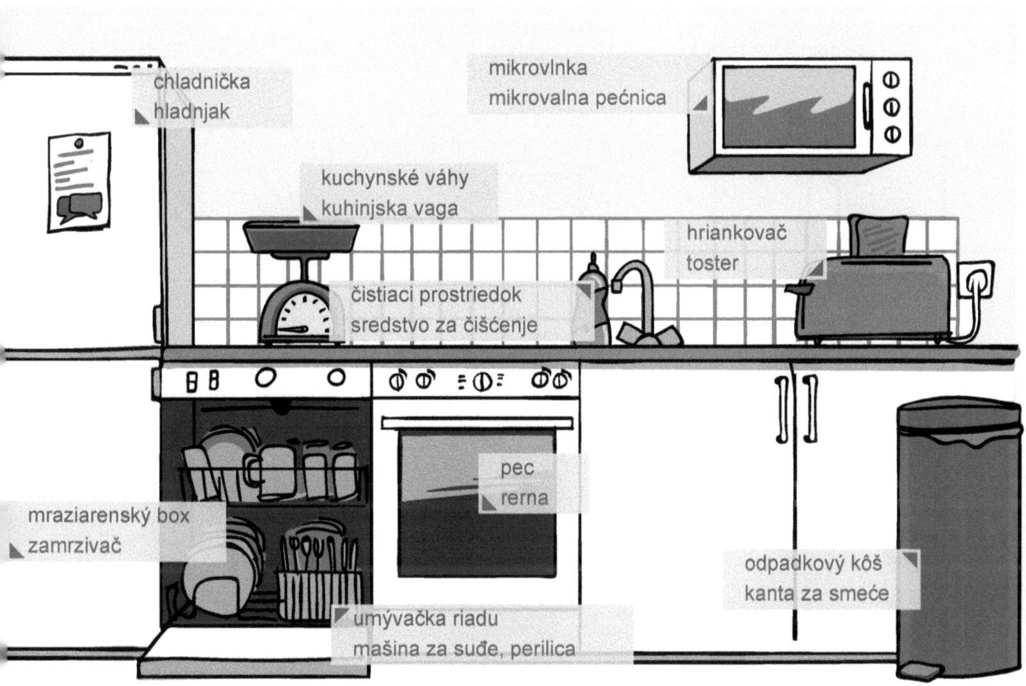
chladnička
hladnjak
mikrovlnka
mikrovalna pećnica
kuchynské váhy
kuhinjska vaga
hriankovač
toster
čistiaci prostriedok
sredstvo za čišćenje
pec
rerna
mraziarenský box
zamrzivač
odpadkový kôš
kanta za smeće
umývačka riadu
mašina za suđe, perilica

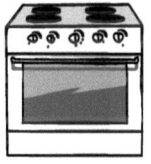

sporák
peć

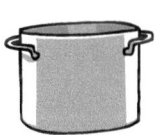

hrniec
lonac

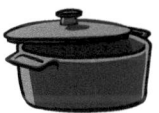

železný hrniec
metalni lonac

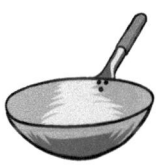

wok / kadai
vok / kadai

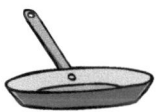

panvica
tava, tiganj

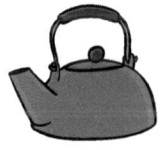

rýchlovarná kanvica
kuhalo

parný hrniec

aparat za kuhanje na pari

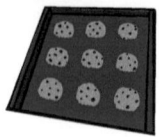

plech na pečenie

lim za pečenje

riad

posuđe

pohár

šalica

misa

činija

paličky

kineski štapići

naberačka na polievku

kutlača

stierka

lopatica

metlička

metlica za snijeg bjelanjca

cedidlo

sito za kuhanje

sitko

sito

strúhadlo

ribež

mažiar

avan s tučkom

gril

roštilj

ohnisko

ložište

doska na krájanie

daska

valček na cesto

oklagija

vývrtka

vadičep

konzerva

konzerva

otvárač na konzervy

otvarač za konzerve

chňapka

krpe za lonac

výlevka

sudoper

kefa

četka

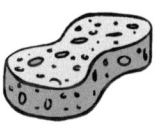

hubka

spužva

mixér

mikser

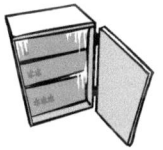

mraznička

zamrzivač

kojenecká fľaša

flašica za bebu

vodovodný kohútik

slavina

kuchyňa - kuhinja   37

kúpeľňa
kupatilo

kúrenie
grijanje
sprcha
tuš
uterák
peškir
sprchový záves
zavjesa za tuš
pena do kúpeľa
pjenušava kupka
vaňa
kada
pohár
čaša
práčka
mašina za veš
vodovodný kohútik
slavina
dlaždice
pločice
nočník
dječja kahlica
výlevka
sudoper

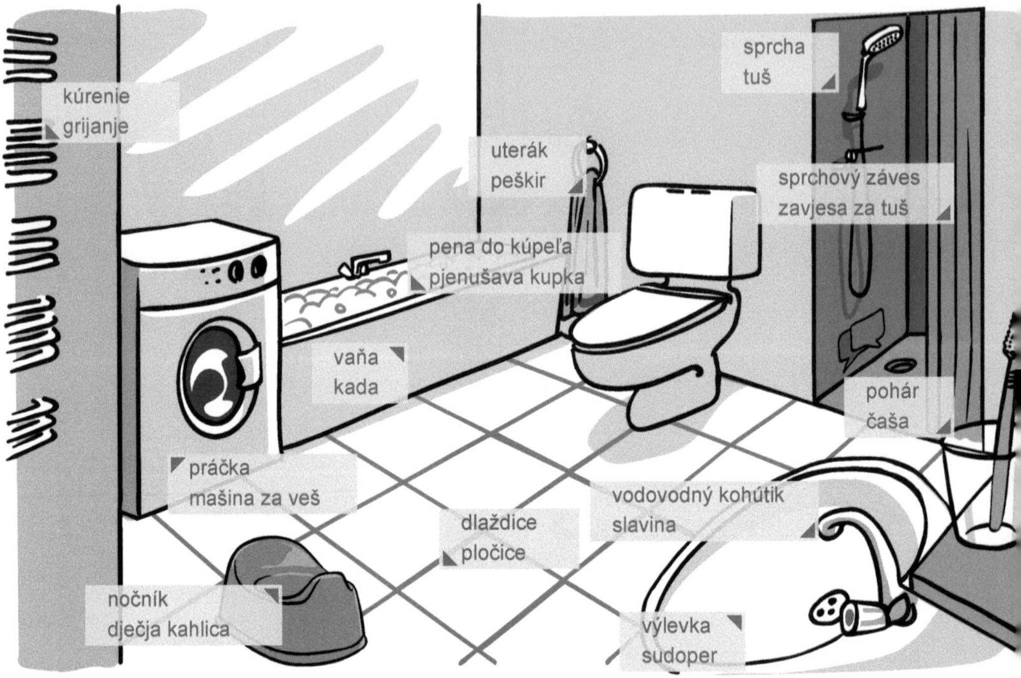

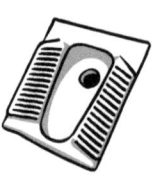

záchod

toalet

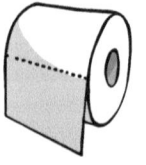

suchý záchod

čučavac

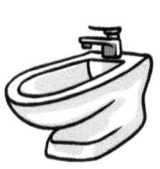

bidet

bide

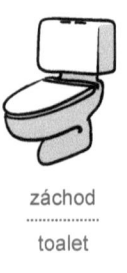

pisoár

pisoar

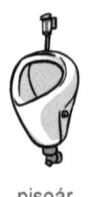

toaletný papier

toalet papir

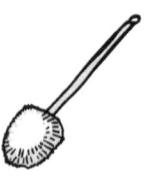

záchodová kefa

četka za wc

zubná kefka

četkica za zube

zubná pasta

pasta za zube

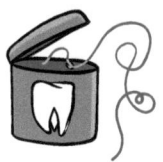

dentálna niť

zubni konac

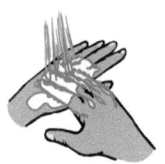

umývať

prati

ručná sprcha

tuš

sprcha pre intímnu hygienu

intimni tuš

umývadlo

lavor

kefa na chrbát

četka za leđa

mydlo

sapun

sprchový gél

gel za tuširanje

šampón

šampon

frotírová rukavica

krpe za pranje

odtok

odvod

krém

krema

dezodorant

dezodorans

zrkadlo

ogledalo

kozmetické zrkadlo

ogledalo za šminkanje

žiletka

brijač

pena na holenie

pjena za brijanje

voda po holení

vodica poslije brijanja

hrebeň

češalj

kefa

četka

sušič vlasov

fen

sprej na vlasy

sprej za kosu

make-up

puder

rúž

karmin

lak na nechty

lak za nokte

vata

vata

nožnice na nechty

makazice za nokte

parfum

parfem

kozmetická taška

kozmetička torbica

stolček

hoklica

váha

vaga

kúpací plášť

kupaći ogrtač

gumové rukavice

rukavice za čišćenje

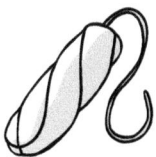

tampón

tampon

menštruačná vložka

uložak za dame

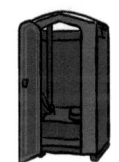

chemické WC

hemijski toalet

detská izba
dječija soba

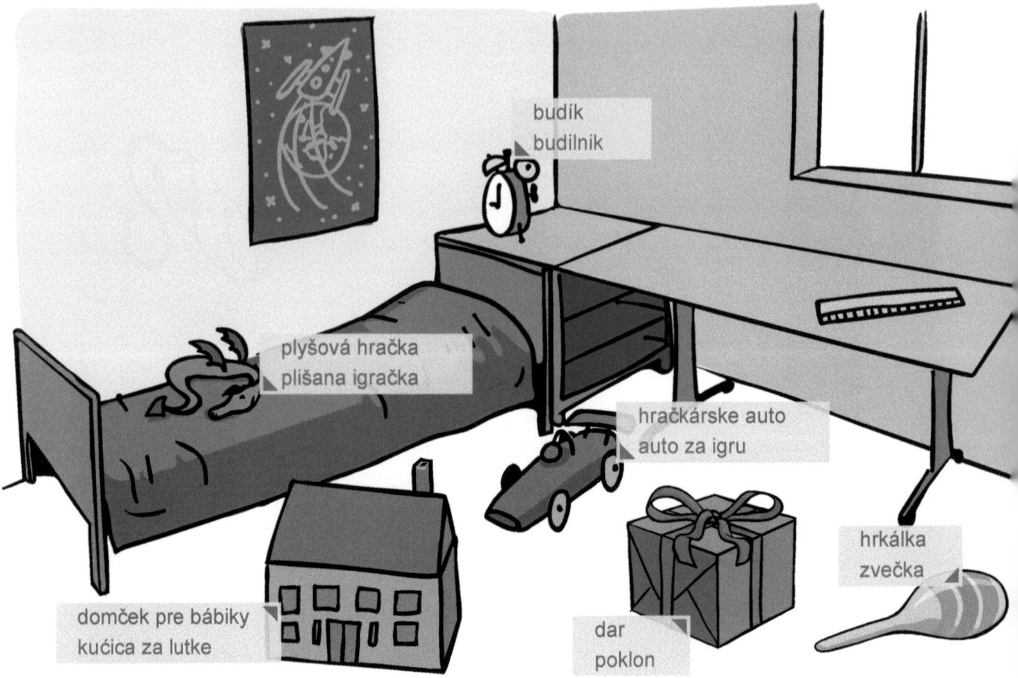
budík
budilnik
plyšová hračka
plišana igračka
hračkárske auto
auto za igru
hrkálka
zvečka
domček pre bábiky
kućica za lutke
dar
poklon

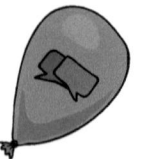

balón

balon

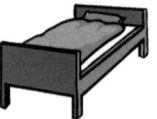

posteľ

krevet

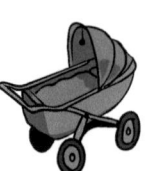

detský kočík

kolica za djecu

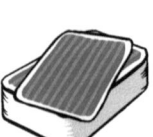

karty

karte za igranje

puzzle

puzle

SUPER
MEGA

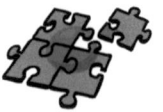

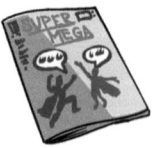

komix

strip

skladačka lego

lego kockice

stavebnica

kockice za gradnju

akčná postavička

akcione figure

dupačky

benkica

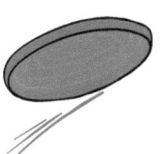

lietajúci tanier

frizbi

závesné hračky

mobile

stolová hra

igra na ploči

kocka

kocka

modelový vláčik

miniatura željeznice

cumlík

cucla

párty

zabava

obrázková kniha

slikovnica

lopta

lopta

bábika

lutka

hrať sa

igrati

pieskovisko

pješćanik

hojdačka

ljuljačka

hračky

igračke

hracia konzola

konzola za igru

trojkolka

triciklo

medvedík

medvjedić

šatník

ormar

šatstvo

odjeća

ponožky

kratke čarape

pančuchy

čarape

pančuchové nohavičky

hulahopke

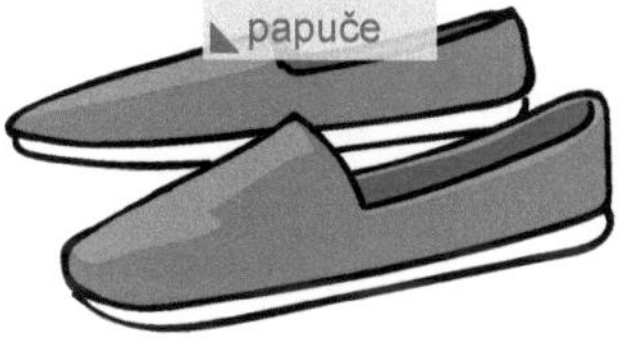

šál
šal

opasok
kaiš

dáždnik
kišobran

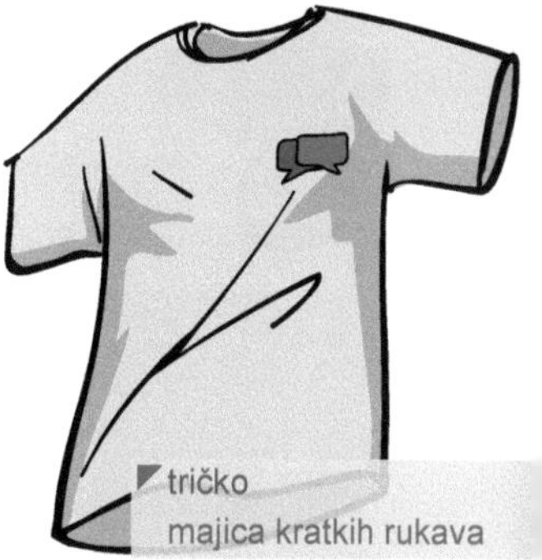

tričko
majica kratkih rukava

čižmy
čizme

papuče
papuče

tenisky
patike

sandále
....
sandale

topánky
....
cipele

gumáky
....
gumene čizme

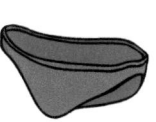

spodky
....
gaće

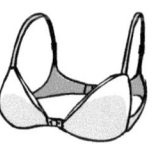

podprsenka
....
grudnjak

tielko
....
potkošulja

body
bodi

nohavice
hlače

džínsy
farmerke

sukňa
suknja

blúzka
bluza

košeľa
košulja

pulóver
džemper

sveter
majica

blejzer
sako

bunda
jakna

kabát
mantil

pršiplášť
kišni mantil

kostým
kostim

šaty
haljina

svadobné šaty
vjenčanica

oblek
....
odijelo

nočná košeľa
....
spavaćica

pyžamo
....
pidžama

sari
....
sari

šatka na hlavu
....
marama

turban
....
turban

burka
....
burka

kaftan
....
kaftan

abaja
....
abaja

dvojdielne plavky
....
kupaći kostim

plavky
....
kupaće gaće

šortky
....
kratke hlače

teplákova súprava
....
trenerka

zástera
....
pregača

rukavice
....
rukavice

gombík
....
dugme

okuliare
....
naočare

náramok
....
narukvica

retiazka
....
ogrlica

prsteň
....
prsten

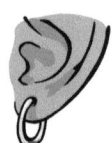

náušnica
....
naušnica

čiapka
....
kapa

vešiak
....
vješalica

klobúk
....
šešir

kravata
....
kravata

zips
....
patentni zatvarač

prilba
....
kaciga

traky
....
tregeri za hlače

školská uniforma
....
školska uniforma

uniforma
....
uniforma

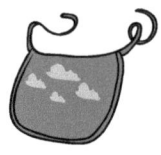

podbradník

podbradak

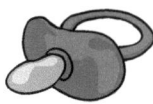

cumlík

cucla

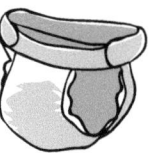

plienka

pelene

kancelária

ured

server
server
skriňa na spisy
ormar za kartoteku
papier
papir
tlačiareň
štampač
monitor
monitor
myš
miš
písací stôl
pisaći sto
zakladač
registrator
klávesnica
tastatura
kôš na papier
korpa za papir
počítač
kompjuter
stolička
stolica

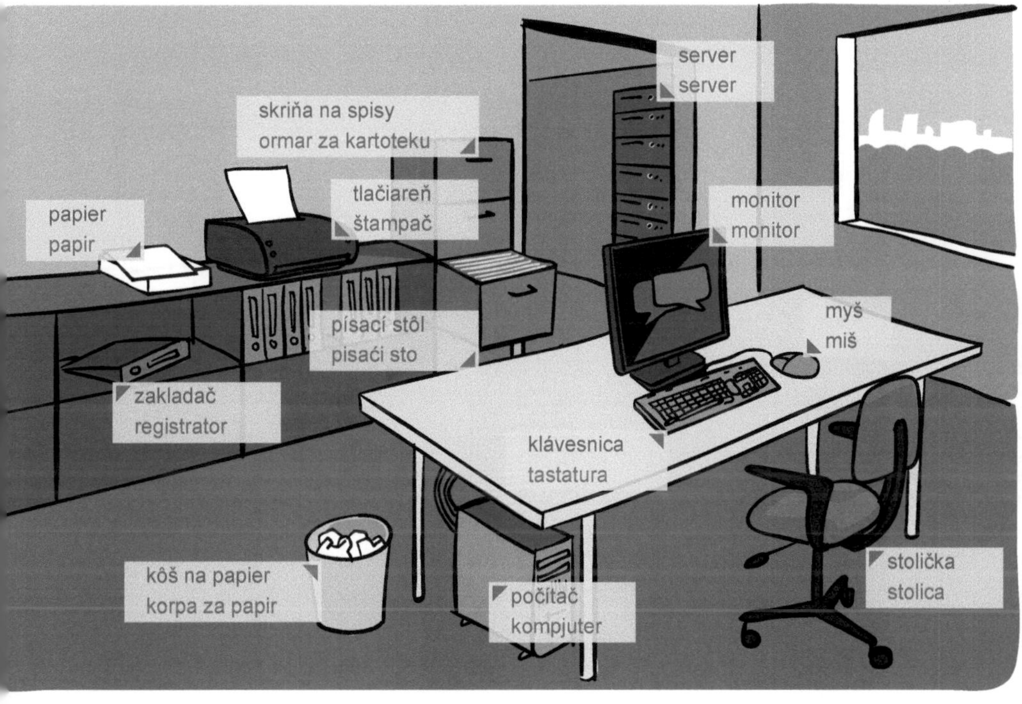

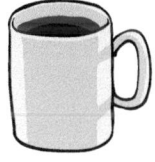

hrnček na kávu

šolja za kafu

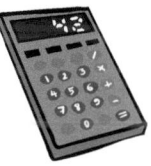

kalkulačka

kalkulator

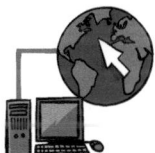

internet

internet

laptop

laptop

list

pismo

správa

poruka

mobil

mobilni telefon

sieť

mreža

kopírka

aparat za kopiranje

softvér

softver

telefón

telefon

elektrická zásuvka

utičnica

fax

faks

formulár

formular

doklad

dokument

kúpiť
kupovati

platiť
platiti

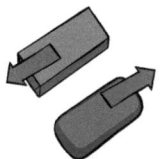

obchodovať
trgovati

peniaze
novac

 **USD**

dolár
dolar

 **EUR**

euro
euro

 JPY

jen
jen

 **RUB**

rubeľ
rublja

 **CHF**

švajčiarsky frank
franak

 **CNY**

čínsky jüan
renminbi jen

 **INR**

rupia
rupi

bankomat
bankomat

zmenáreň

mjenjačnica

zlato

zlato

striebro

srebro

ropa

nafta

energia

energija

cena

cijena

zmluva

ugovor

daň

porez

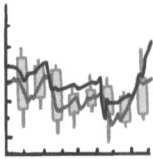

akcia

akcija

pracovať

raditi

zamestnanec

službenik

zamestnávateľ

poslodavac

továreň

fabrika

obchod

radnja

povolania
zanimanja

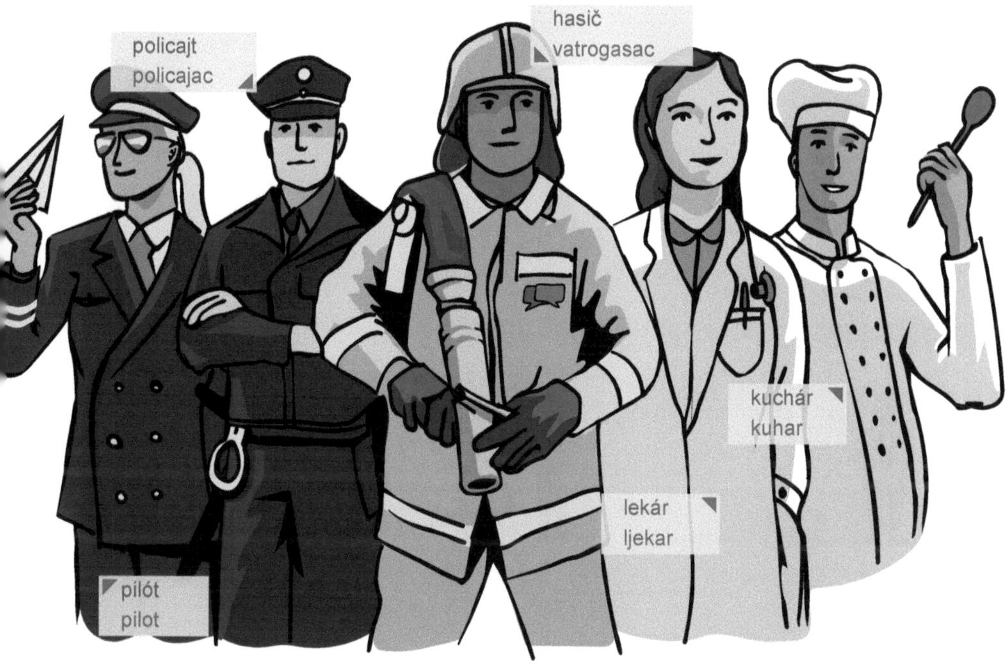
policajt
policajac
hasič
vatrogasac
kuchár
kuhar
lekár
ljekar
pilót
pilot

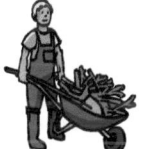

záhradník

baštovan

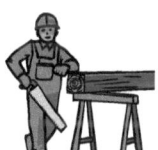

stolár

stolar

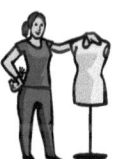

krajčírka

krojačica

sudca

sudija

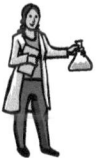

chemik

hemičar

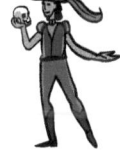

herec

glumac

vodič autobusu

vozač autobusa

taxikár

vozač taksija

rybár

ribar

upratovačka

čistačica

pokrývač

krovopokrivač

čašník

konobar

poľovník

lovac

maliar

moler

pekár

pekar

elektrikár

električar

stavebný robotník

građevinski radnik

inžinier

inženjer

mäsiar

koljač

klampiar

limar, vodoinstalater

poštár

poštar

vojak

vojnik

architekt

arhitekta

pokladník

blagajnik

kvetinár

cvjećar

kaderník

frizer

sprievodca

kontrolor

mechanik

mehaničar

kapitán

kapiten

zubár

zubar

vedec

naučnik

rabín

rabin

imám

imam

mních

monah

farár

sveštenik

náradie
alat

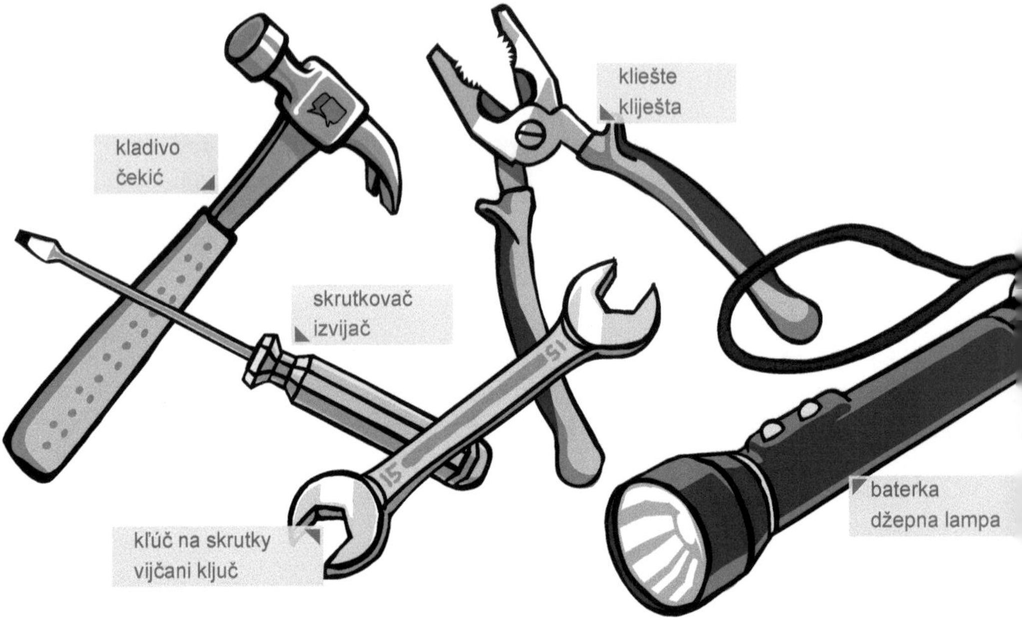
kliešte
kliješta
kladivo
čekić
skrutkovač
izvijač
baterka
džepna lampa
kľúč na skrutky
vijčani ključ

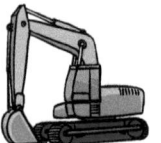

bager

bager

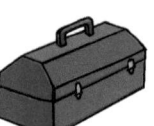

súprava náradia

kutija sa alatom

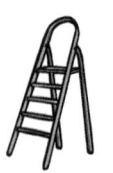

rebrík

ljestve

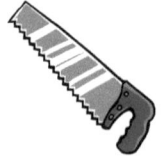

pílka

testera, pila

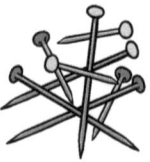

klince

ekser

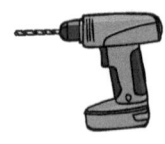

vrták

bušilica

opraviť
....
popraviti

lopata
....
lopata

Do čerta!
....
sranje!

lopatka na smeti
....
lopatica

nádoba s farbou
....
kanta boje

skrutky
....
vijak

hudobné nástroje
muzički instrumenti

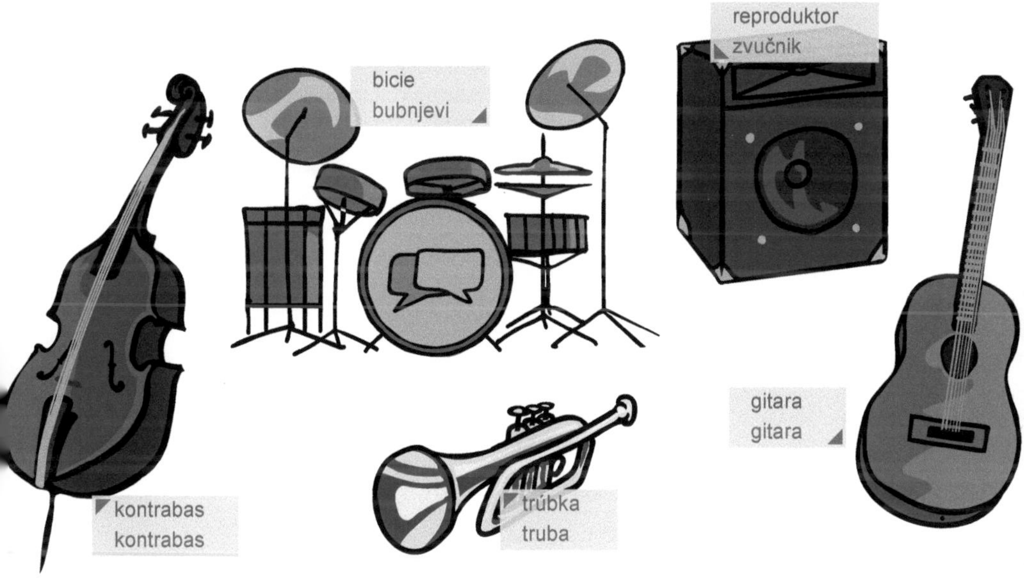

reproduktor
zvučnik

bicie
bubnjevi ◢

gitara
gitara ◢

▶ kontrabas
kontrabas

trúbka
truba

klavír

klavir

husle

violina

basa

bas

tympany

bubanj timpani

bubon

bubanj

klávesnica

sintisajzer

saxofón

saksofon

flauta

flauta

mikrofón

mikrofon

hudobné nástroje - muzički instrumenti

ZOO
zološki vrt

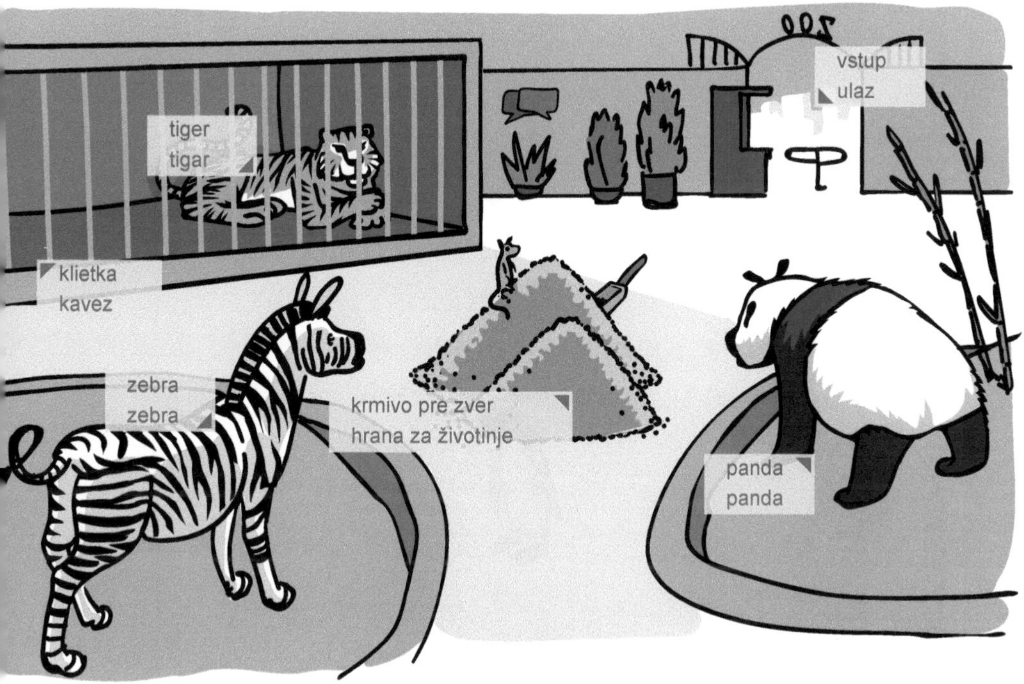
vstup
ulaz
tiger
tigar
klietka
kavez
zebra
zebra
krmivo pre zver
hrana za životinje
panda
panda

zvieratá

životinje

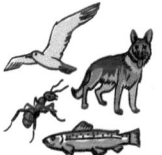

slon

slon

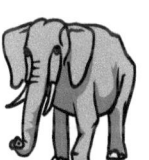

klokan

kengur

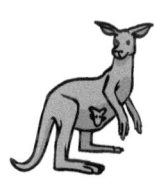

nosorožec

nosorog

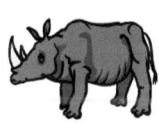

gorila

gorila

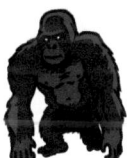

medveď

medvjed

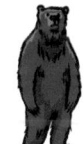

ťava
....
kamila

pštros
....
noj

lev
....
lav

opica
....
majmun

plameniak
....
flamingo

papagáj
....
papagaj

ľadový medveď
....
polarni medvjed

tučniak
....
pingvin

žralok
....
morski pas

páv
....
paun

had
....
zmija

krokodíl
....
krokodil

ošetrovateľ v ZOO
....
čuvar u zološkom vrtu

tuleň
....
tuljan

jaguár
....
jaguar

poník
poni

leopard
leopard

hroch
nilski konj

žirafa
žirafa

orol
orao

diviak
divlja svinja

ryba
riba

korytnačka
kornjača

mrož
morž

líška
lisica

gazela
gazela

americký futbal
američki fudbal

cyklistika
vožnja bicikla

tenis
tenis

basketbal
košarka

plávanie
plivanje

box
boks

hokej
hokej na ledu

futbal	bedminton	ľahká atletika
fudbal	bedminton	laka atletika
hádzaná	lyžovanie	pólo
rukomet	skijanje	polo

aktivity
aktivnosti

smiať sa
smijati se
skočiť
skakati
objať
zagrliti
chodiť
ići
spievať
pjevati
snívať
sanjati
modliť sa
moliti
pobozkať
ljubiti

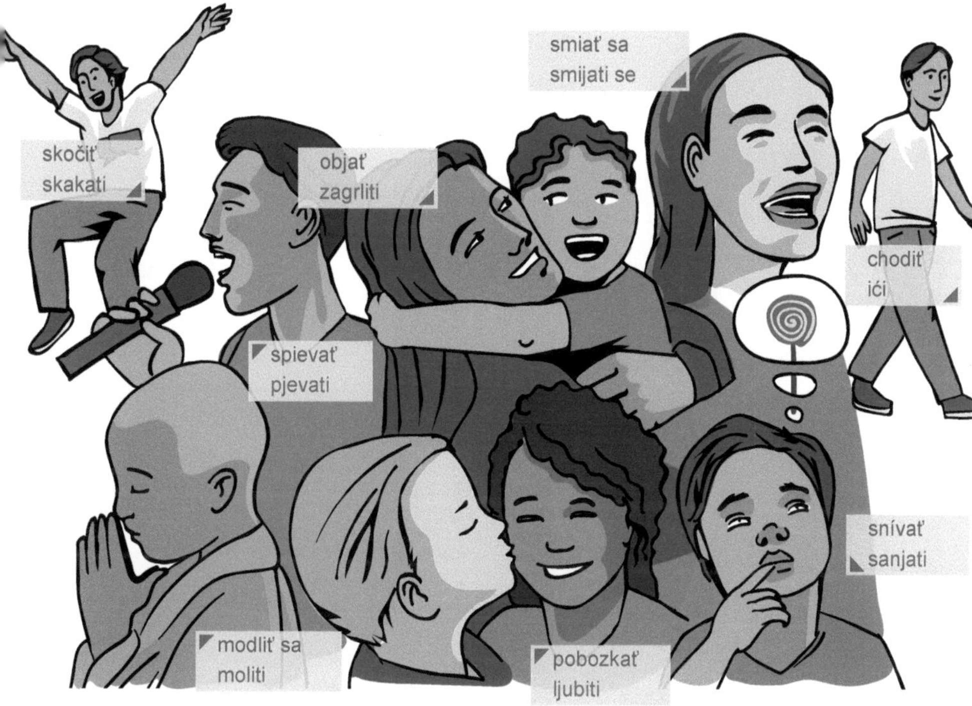

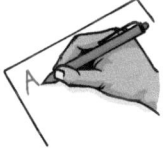

písať

pisati

kresliť

crtati

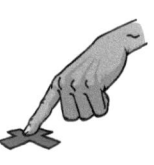

ukázať

pokazati

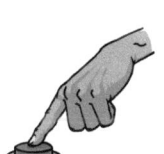

tlačiť

gurati

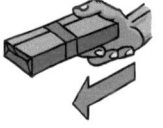

dať

dati

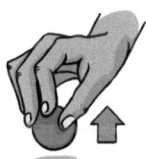

brať

uzeti

mať
....
imati

robiť
....
raditi

byť
....
biti

stáť
....
stajati

bežať
....
trčati

ťahať
....
vući

hádzať
....
baciti

padnúť
....
pasti

ležať
....
ležati

čakať
....
čekati

nosiť
....
nositi

sedieť
....
sjediti

obliecť sa
....
obući

spať
....
spavati

zobudiť sa
....
probuditi

pozerať
pogledati

plakať
plakati

hladkať
milovati

česať
češljati

hovoriť
govoriti

rozumieť
razumjeti

pýtať sa
pitati

počuť
slušati

piť
piti

jesť
jesti

upratať
pospremiti

milovať
voljeti

variť
kuhati

jazdiť
voziti

letieť
letjeti

plachtiť

jedriti

počítať

računati

čítať

čitati

učiť sa

učiti

pracovať

raditi

oženiť

vjenčavti

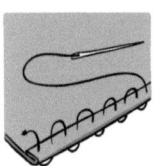

šiť

šiti

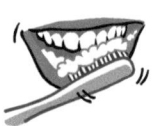

čistiť zuby

prati zube

zabiť

ubiti

fajčiť

pušiti

poslať

slati

rodina
porodica

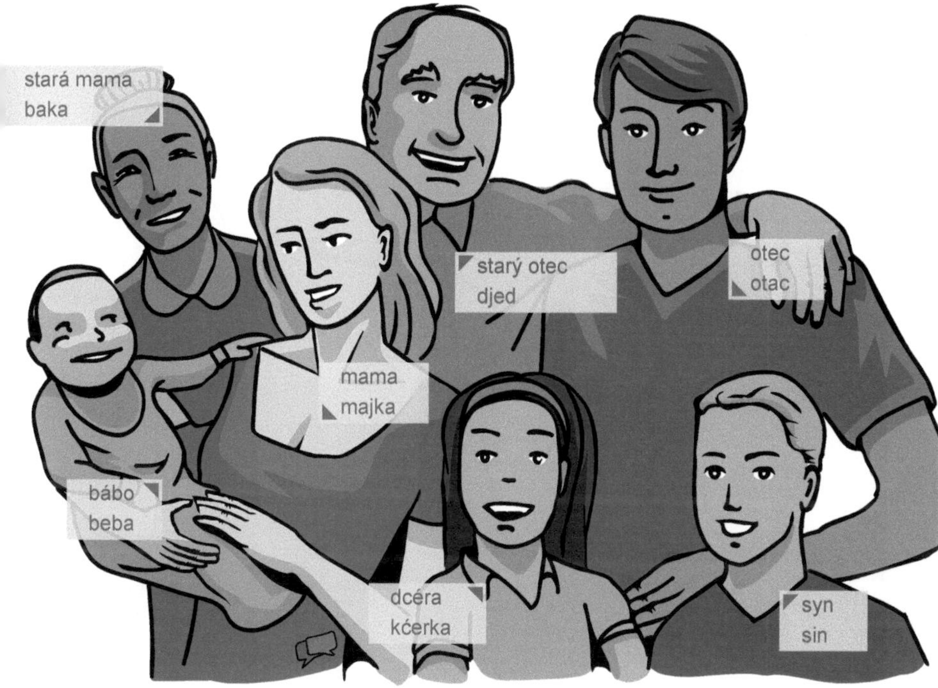
stará mama
baka
starý otec
djed
otec
otac
mama
majka
bábo
beba
dcéra
kćerka
syn
sin

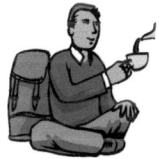

hosť
gost

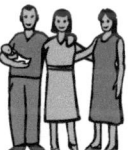

teta
ujna, tetka, strina

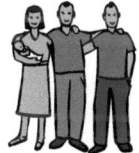

strýko
ujak, tetak, stric

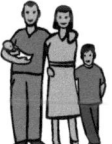

brat
brat

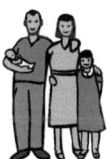

sestra
sestra

telo
tijelo

čelo
čelo
oko
oko
plece
leđa
prst
prst
tvár
lice
brada
brada
ruka
ruka, šaka
noha
noga
hruď
grudi
rameno
ruka

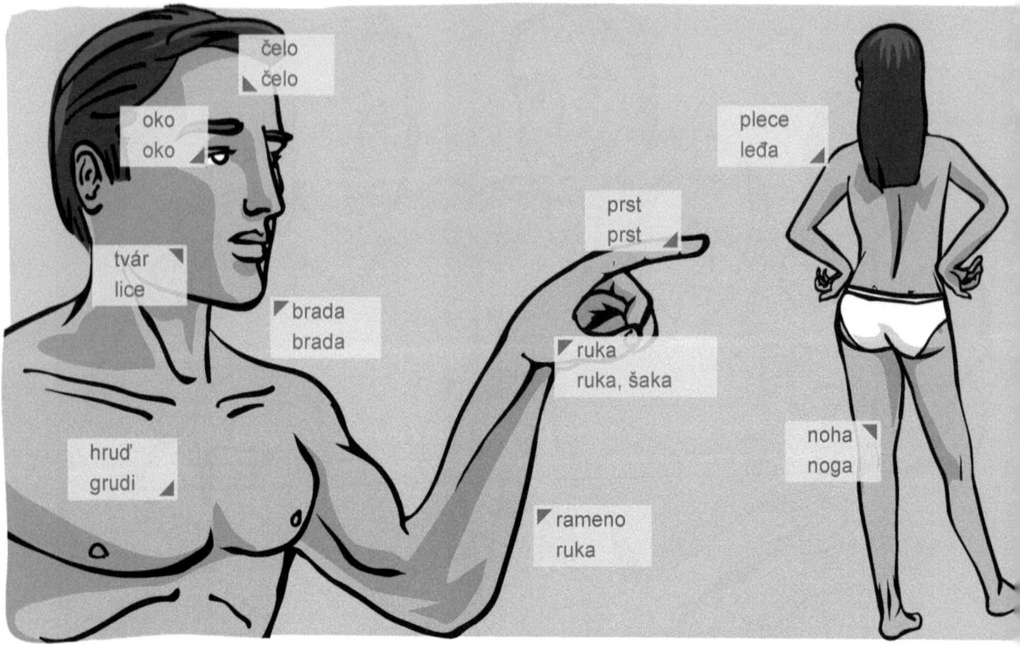

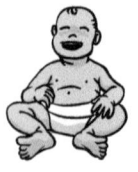

bábo
beba

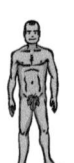

muž
muškarac

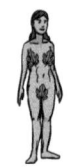

žena
žena

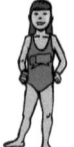

dievča
djevojčica

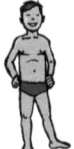

chlapec
dječak

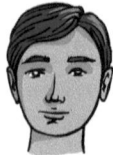

hlava
glava

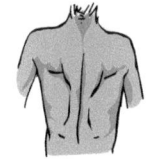

chrbát

leđa

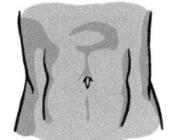

brucho

stomak

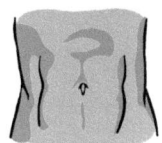

pupok

pupak

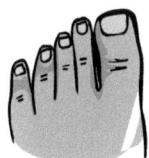

prst na nohe

nožni prst

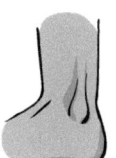

päta

peta

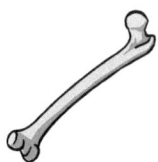

kosť

kosti

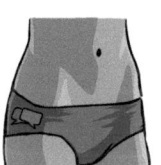

bok

kuk

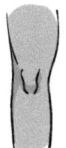

koleno

koljeno

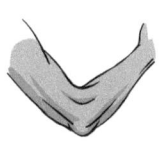

lakeť

lakat

nos

nos

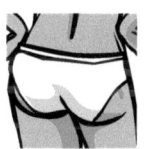

zadok

stražnjica

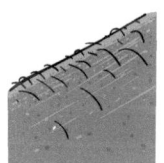

koža

koža

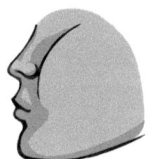

líce

obraz

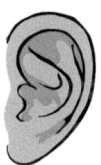

ucho

uho

pery

usna

ústa
usta

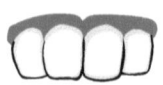

zub
zub

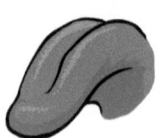

jazyk
jezik

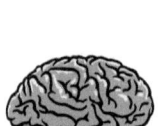

mozog
mozak

srdce
srce

svaly
mišić

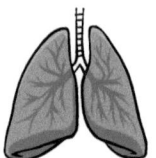

pľúca
pluća

pečeň
jetra

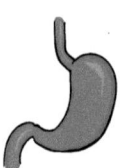

žalúdok
želudac

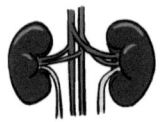

obličky
bubreg

pohlavný styk
spolni odnos

kondóm
kondom

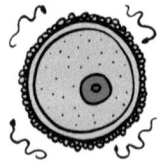

vaječná bunka
jajna ćelija

semeno
sperma

tehotenstvo
trudnoća

telo - tijelo

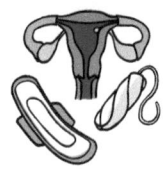

menštruácia

menstruacija

vagína

vagina

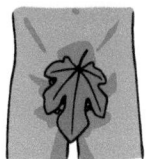

penis

penis

obočie

obrva

vlasy

kosa

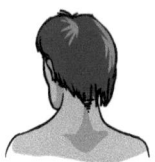

krk

vrat

nemocnica
bolnica

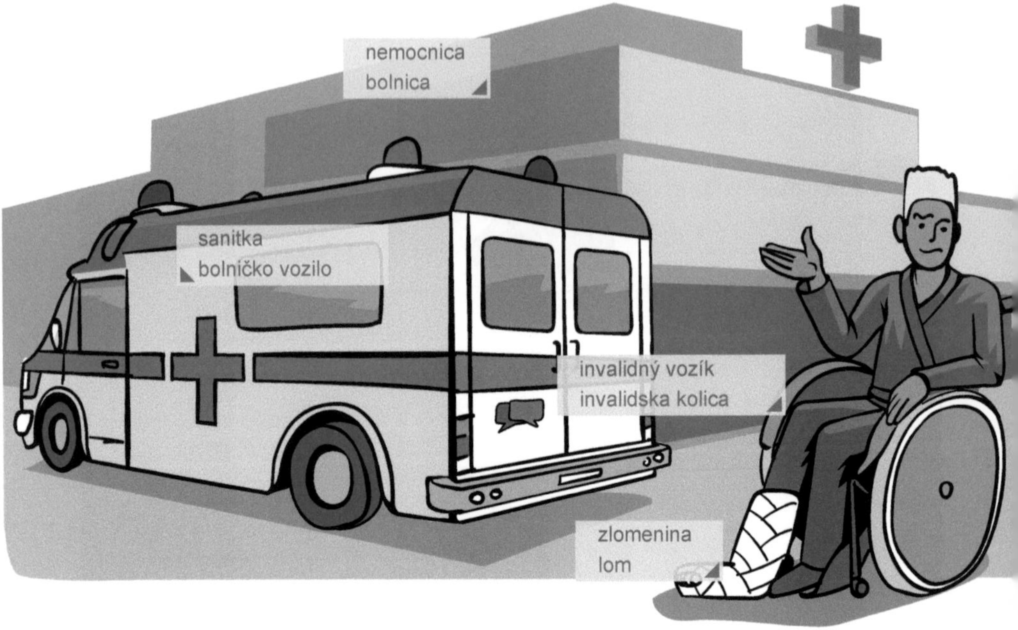

nemocnica
bolnica
sanitka
bolničko vozilo
invalidný vozík
invalidska kolica
zlomenina
lom

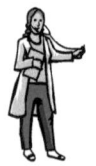

lekár

ljekar

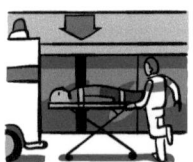

urgentný príjem

hitna služba

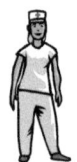

sestrička

medicinska sestra

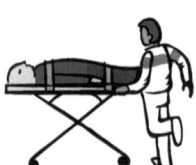

urgentný prípad

hitna pomoć

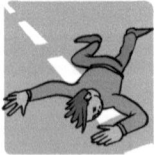

v bezvedomí

nesvjest

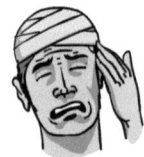

bolesť

bol

zranenie

povreda

krvácanie

krvarenje

srdcový infarkt

srčani udar, infarkt

mozgová porážka

moždani udar

alergia

alergija

kašeľ

kašalj

teplota

groznica

chrípka

gripa

hnačka

proljev

bolesť hlavy

glavobolja

rakovina

rak

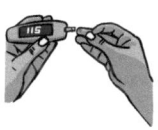

cukrovka

dijabetes

chirurg

hirurg

skalpel

skalpel

operácia

operacija

CT
CT

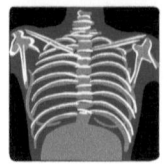

RTG
rendgen

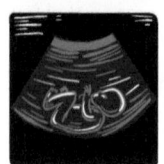

ultrazvuk
ultrazvuk

maska
maska

choroba
bolest

čakáreň
čekaonica

barla
štake

náplasť
flaster

obväz
zavoj

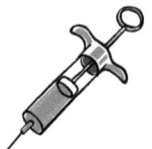

injekcia
injekcija

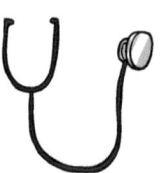

fonendoskop
stetoskop

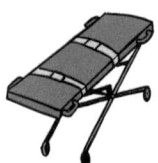

nosidlá
nosilo

teplomer
termometar

pôrod
porod

nadváha
prekomjerna težina, debljina

audiofón
slušni aparat

dezinfekčný prostriedok
sredstvo za dezinfekciju

infekcia
infekcija

vírus
virus

HIV / AIDS
HIV/ AIDS

medicína
medicina

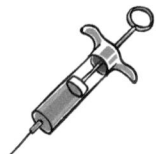

očkovanie
vakcinacija

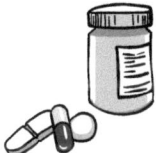

tabletky
tablete

antikoncepčná pilulka
pilula

tiesňové volanie
hitni poziv

tlakomer
aparat za mjerenje pritiska

chorý / zdravý
bolestan / zdrav

Pomoc!

Upomoć!

alarm

alarm

prepad

napad, prepad

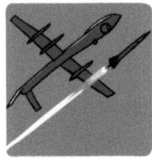

útok

napad

nebezpečenstvo

opasnost

núdzový východ

izlaz u slučaju opasnosti

Horí!

Požar!

hasičský prístroj

vatrogasni aparat

nehoda

nezgoda

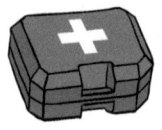

kufrík prvej pomoci

torba prve pomoći

SOS

SOS

polícia

policija

Európa

Europa

Severná Amerika

Sjeverna Amerika

Južná Amerika

Južna Amerika

Afrika

Afrika

Ázia

Azija

Austrália

Australija

Atlantický oceán

Atlantik

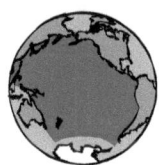

Tichý oceán

Pacifik

Indický oceán

Indijski okean

Južný oceán

Antarktički okean

Severný ľadový oceán

Arktički okean

Severný pól

Sjeverni pol

Južný pól
Južni pol

Antarktída
Antarktik

Zem
Zemlja

krajina
zemlja

more
more

ostrov
ostrvo

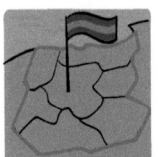

národ
nacija

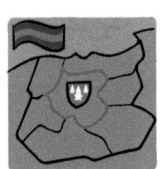

štát
država

ciferník
brojčanik sata

hodinová ručička
kazaljka sata

minútová ručička
kazaljka minute

sekundová ručička
kazaljka sekunde

Koľko je hodín?
Koliko je sati?

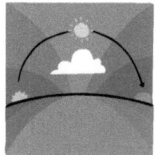

deň
dan

čas
vrijeme

teraz
sada

digitálne hodiny
digitalni sat

minúta
minuta

hodina
sat

týždeň
sedmica, nedjelja

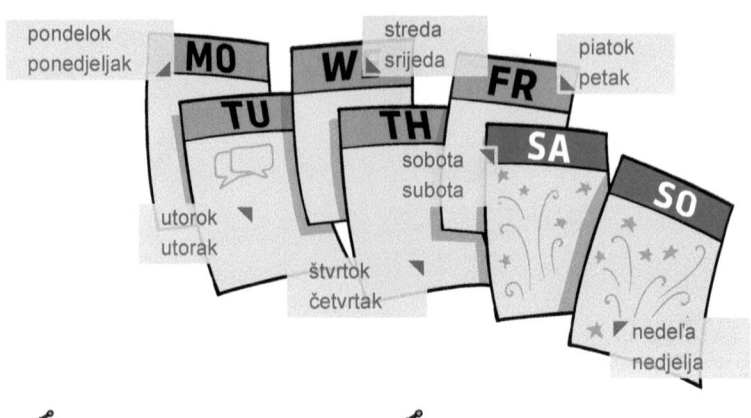

pondelok
ponedjeljak

MO

W streda
srijeda

FR piatok
petak

TU

TH

SA

sobota
subota

SO

utorok
utorak

štvrtok
četvrtak

nedeľa
nedjelja

včera
juče

dnes
danas

zajtra
sutra

ráno
jutro

poludnie
podne

večer
veče

MO	TU	WE	TH	FR	SA	SU
1	2	3	4	5	6	7
8	9	10	11	12	13	14
15	16	17	18	19	20	21
22	23	24	25	26	27	28
29	30	31	1	2	3	4

pracovné dni
radni dani

MO	TU	WE	TH	FR	SA	SU
1	2	3	4	5	6	7
8	9	10	11	12	13	14
15	16	17	18	19	20	21
22	23	24	25	26	27	28
29	30	31	1	2	3	4

víkend
vikend

rok
godina

dážď
kiša
dúha
duga
vietor
vjetar
sneh
snijeg
jar
proljeće
jeseň
jesen
leto
ljeto
zima
zima

4.APRIL 11°
5.APRIL 4°
6.APRIL 13°
7.APRIL 8°
8.APRIL 10°

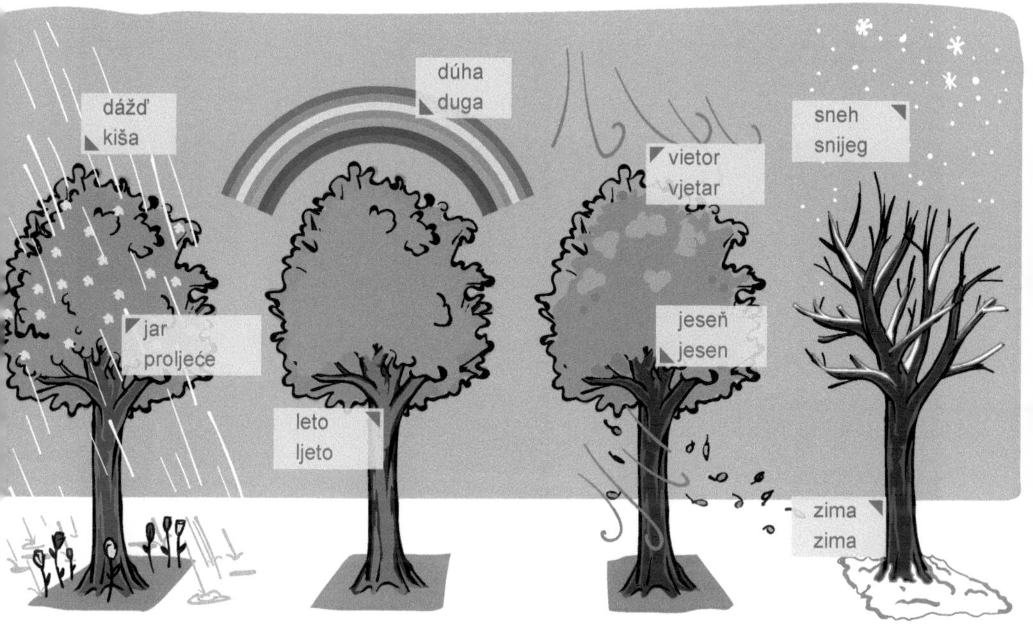

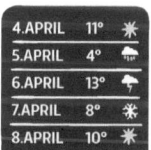

predpoveď počasia
prognoza vremena

F C
120 90 60 30 0 -30
40 30 20 10 0 -10 -20

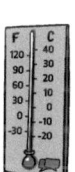

teplomer
termometar

slnečný svit
sunčev sjaj

oblak
oblak

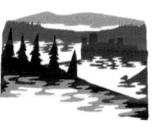

hmla
magla

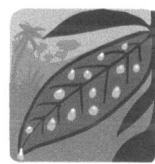

vlhkosť vzduchu
vlažnost vazduha

blesk

munja

hrom

grom

búrka

oluja

krúpy

tuča, led

monzún

monsun

záplava

poplava

ľad

led

január

januar

február

februar

marec

mart

apríl

april

máj

maj

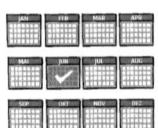

jún

juni

júl

juli

august

avgust

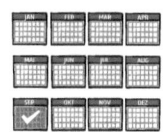

september
....
septembar

október
....
oktobar

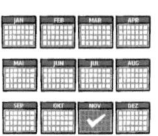

november
....
novembar

december
....
decembar

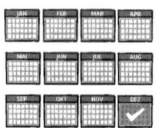

tvary
oblici

kruh
....
krug

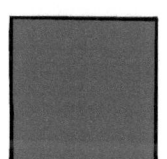

štvorec
....
kvadrat

obdĺžnik
....
pravougao

trojuholník
....
trougao

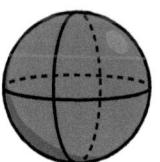

guľa
....
kugla

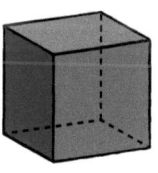

kocka
....
kocka

biela
....
bjel

žltá
....
žut

oranžová
....
narandžast

ružová
....
pink

červená
....
crven

fialová
....
ljubičast

modrá
....
plav

zelená
....
zelen

hnedá
....
smeđ

šedá
....
siv

čierna
....
crn

veľa / málo

malo / mnogo

zúrivý / pokojný

ljutit / miran

pekný / škaredý

lijep / ružan

začiatok / koniec

početak / kraj

veľký / malý

veliki / mali

svetlý / tmavý

svijetlo / tamno

brat / sestra

brat / sestra

čistý / špinavý

čist / prljav

úplný / neúplný

potpun / nepotpun

deň / noc

dan / noć

mŕtvy / živý

mrtav / živ

široký / úzky

široko / usko

chutný / nechutný
ukusno / neukusno

zlostný / láskavý
zao / prijatan

vzrušený / unudený
uzbuđen / dosadan

tlstý / chudý
debeo / mršav

prvý / posledný
najprije / najkasnije

priateľ / nepriateľ
prijatelj / neprijatelj

plný / prázdny
pun / prazan

tvrdý / mäkký
trvd / mekan

ťažký / ľahký
težak / lagan

hlad / smäd
glad / žeđ

chorý / zdravý
bolestan / zdrav

nelegálny / legálny
ilegalan / legalan

inteligentný / hlúpy
inteligentan / glup

vľavo / vpravo
lijevo / desno

blízko / ďaleko
blizu / daleko

nový / použitý

nov / polovan

nič / niečo

ništa / nešto

starý / mladý

star / mlad

zapnuté / vypnuté

uključeno / isključeno

otvorené / zatvorené

otvoreno / zatvoreno

tichý / hlasný

tiho / glasno

bohatý / chudobný

bogat / siromašan

správne / nesprávne

tačno / pogrešno

drsný / hladký

hrapav / glatak

smutný / šťastný

tužan / srećan

krátky / dlhý

kratak / dug

pomaly / rýchlo

spor / brz

mokrý / suchý

mokro / suho

teplý / studený

toplo / hladno

vojna / mier

rat / mir

0	**1**	**2**
nula	jeden	dva
nula	jedan	dva

3	**4**	**5**
tri	štyri	päť
tri	četiri	pet

6	**7**	**8**
šesť	sedem	osem
šest	sedam	osam

9	**10**	**11**
deväť	desať	jedenásť
devet	deset	jedanaest

12	**13**	**14**
dvanásť	trinásť	štrnásť
dvanaest	trinaest	četrnaest

15	**16**	**17**
pätnásť	šestnásť	sedemnásť
petnaest	šesnaest	sedamnaest

18	**19**	**20**
osemnásť	devätnásť	dvadsať
osamnaest	devetnaest	dvadeset

100	**1.000**	**1.000.000**
sto	tisíc	milión
sto	hiljada	milion

angličtina

engleski

americká angličtina

americki engleski

mandarínska čínština

kinesko mandarinski

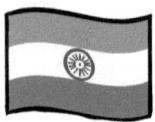

hindčina

hindi

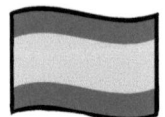

španielčina

španski

francúzština

francuski

arabčina

arapski

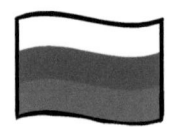

ruština

ruski

portugalčina

portugalski

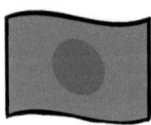

bengálčina

bengalski

nemčina

njemački

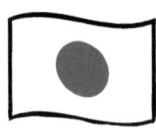

japončina

japanski

ja
ja

ty
ti

on/ona/ono
on / ona / ono

my
mi

vy
vi

oni
oni

kto?
ko?

čo?
šta?

ako?
kako?

kde?
gdje?

kedy?
kada?

meno
ime

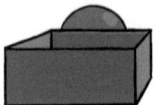

za
....
iza

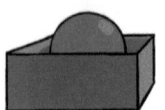

v
....
u

pred
....
pred

nad
....
iznad

na
....
na

pod
....
ispod

vedľa
....
pored

medzi
....
između

miesto
....
mjesto